# NAPOLÉON III

ET

## LE CLERGÉ

PAR

**HIPPOLYTE CASTILLE**

PARIS

E, DENTU, LIBRAIRE-ÉDITEUR

PALAIS-ROYAL, 13, GALERIE D'ORLÉANS

—

1860

# NAPOLÉON III

ET

## LE CLERGÉ

PAR

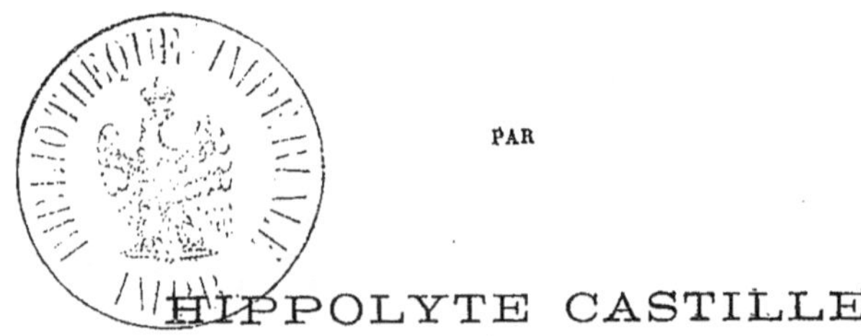

HIPPOLYTE CASTILLE

PARIS

E. DENTU, LIBRAIRE-ÉDITEUR

PALAIS-ROYAL, 13, GALERIE D'ORLÉANS

1860

# NAPOLÉON III

## ET LE CLERGÉ

I.

On nous menace. — Je dis nous, parce que sous tout
régime gouvernemental issu du suffrage universel, le citoyen a le droit de dire : l'État, c'est nous, comme
Louis XIV disait : l'État, c'est moi. Or, puisque vous
prétendez faire remonter jusqu'aux conseils du gouvernement la responsabilité de la brochure *le Pape et le Congrès*, nous acceptons votre hypothèse et nous disons :
c'est à l'État que s'adressent vos attaques.

Dans une brochure signée Félix, évêque d'Orléans,
nous lisons ces paroles : « *Prenez-y garde, il est dit de
cette pierre que qui s'y heurte s'y brisera. Super quem
ceciderit, conteretur.* » Et plus loin encore : « *Prenez-y
garde, vous finirez par nous blesser : je ne sais si nous
avions besoin d'être réveillés, mais vous réussissez à mer-
veille à nous ouvrir les yeux.* »

Et ce n'est pas une parole isolée qui s'élève ici. C'est
une manœuvre qu'on cherche à généraliser et qui peut

prendre un assez grand développement pour que tout homme de bon sens et de bon vouloir vienne, comme au temps où le gouvernement fit appel aux publicistes, dans la question du tiers-État, dire librement sa pensée.

Pendant que les uns écrivent, ceux qui ne savent pas écrire parlent, s'agitent, remuent les âmes, arrachent aux paisibles devoirs de leurs modestes cures les bons prêtres peu soucieux de ces querelles superbes, les endoctrinent, les stylent, forment des conciliabules, j'allais dire des clubs sacerdotaux, remuent les campagnes et les villes, s'imaginant peut-être que la province est peuplée de simples d'esprit, et qu'un père de famille qui cultive son champ, ne sait pas au juste ce qu'il doit à l'Empereur, au Pape et à son pays.

Compter sur la simplicité publique ce serait mal ; mais ces agitateurs spéculent sur quelque chose de plus infime encore dans l'ordre moral. Ils comptent sur la complicité tacite ou avouée des partis vaincus. — Sur les débris du parti légitimiste, soit. Ce parti a fait un pacte avec la poussière des tombeaux, et, comme les tombeaux, il est destiné à finir dans le solennel silence de l'histoire. Mais il y a d'autres partis, vaincus sans doute, dont les principes poussent nonobstant de vivaces rejetons sur la surface du monde nouveau. Leur séve circule encore dans les rameaux du corps social et ils peuvent nourrir la légitime espérance d'apporter leur contingent à la moisson du progrès, quoiqu'il ne leur appartienne pas de le diriger.

Les agitateurs du clergé croient-ils donc que les partis, doués de quelque force vitale, iront, en vue d'un bénéfice illusoire, s'associer à un mouvement d'idées qui porterait la mort même dans leurs principes constitutifs ; les mettrait en contradiction avec eux-mêmes, et ne leur laisserait que la honte de la plus basse complicité qu'ait pu imaginer le génie des coalitions? Voyez le *Journal des Débats*, il ne renie pas les docteurs de sa foi, lui. Il garde son respect pour Voltaire, son maître. Et quoique, à notre avis, il s'écarte du vrai sens de la politique, de ses nécessités, de ses traditions les plus populaires, les plus nationales, il ne tombe pas du moins dans le piége insidieux qu'on pourrait tendre à ses rancunes.

Comptez-vous sur les républicains, sur les socialistes? interrogez-les, ils vous répondront que mal leur a pris de solliciter le concours impossible du clergé catholique français, à la forme de gouvernement qu'ils rêvaient, et que l'eau bénite de 1848 a fait mourir leurs arbres de la liberté.

Tel est l'esprit de cette ligue nouvelle qui, comme celle du temps de Henri III, finira peut-être par une satire ménippée.

## II.

À ces menaces hautaines, à ces agitations factieuses, on ne répondrait pas, si la question qui s'agite se bornait aux violences de l'écritoire et de la parole entre gens du métier. Mais pour quiconque observe ce qui se passe en France depuis quelques semaines, il existe un fait qui mérite d'être signalé.

On écrit moins, on ne déclame plus, on chuchote dou-

cement, d'un air inquiet, contristé... un bruit d'aile a
rasé la terre... A ce signe, nous reconnaissons la Déesse :
c'est la *calomnie*.

Et qui calomnie-t-on ? L'auteur présumé de la brochure,
peut-être ? Non pas, cherchez plus haut, plus haut encore.
Et sur quoi roule la calomnie ? sur une question diploma-
tique, sur un point de litige international, que les souverains de l'Europe, dans la personne de leurs mandataires,
résoudront à la face du ciel et des nations devant la table
d'un Congrès ? Non pas cela tout à fait. Est-ce donc du
sort de Pie IX qu'on se préoccupe à ce point ? non plus.
Car de tous ceux qui font leur partie dans ce chœur de
voix sourdes et mystérieuses, bon nombre, si l'on pouvait les forcer de confesser le secret de leur conscience,
avoueraient que pour eux la question du pouvoir temporel n'est qu'un moyen d'agitation.


### III.


Napoléon III a replacé le Pape sur le trône pontifical ;
il a versé le sang et l'or de la France pour le soutien de
l'Église catholique : il a fait pour le clergé tout ce qu'il
pouvait, tout ce qu'il devait ; il lui a laissé une liberté
immense, il a poussé la longanimité à son égard jusqu'aux
plus extrêmes limites ; il n'a demandé à ses divers minis-
tres des cultes que de la tolérance vis-à-vis des prêtres ;
il a permis à certains journaux soi-disant religieux un
langage que l'administration n'eût souffert d'aucuns

autres organes de là presse; il n'a réclamé du clergé que du calme, et voilà comment on répond à ce respect pour la religion, à ce dévouement pour le Saint-Père, à cette politique vis-à-vis de l'Église politique qui a quelquefois fait frémir les plus sincères partisans de l'Empire et de la popularité de l'Empereur !

Et ne dites pas que vos rancunes datent d'aujourd'hui; qu'une brochure, pleine de sentiments religieux, pleine de convenance dans la forme, pleine de modération en ce qui touche des principes vidés dans la discussion depuis soixante ans d'une manière bien autrement radicale ; ne dites pas que cette brochure est la pomme de discorde entre le clergé et l'Empire, ou, du moins, entre l'Empire et la faction cléricale qui prétend représenter le clergé tout entier. Il y a plus d'un an que ces hommes ont levé le masque, et que leur haine, prudente d'abord, a commencé à distiller son fiel. Quiconque suit le mouvement des idées, s'en est trop aperçu, le sait trop bien : et ce n'est pas les efforts de patience, de mansuétude, de conciliation qui ont manqué. L'État n'a cessé de vous tendre cette main loyale que vous mordez aujourd'hui. Nul, parmi ceux qui apportent à l'État le concours de leur sympathie ou de leurs services actifs, n'a manqué à cette consigne impériale. Tous ont fait litière de leurs dissidences, de leurs antécédents, de leur passé philosophique pour éviter cette crise. Telle est leur récompense.

Où donc est le nœud de cette intrigue obscure et antérieure aux événements qui amènent son éclosion? quelle est sa source? à quelle origine le rattacher? hélas! il faut bien le dire, ce n'est pas dans les choses du culte, ce n'est pas dans les principes religieux, dans la question du pouvoir temporel, qu'on parviendrait à la trouver si l'on se donnait la peine de la rechercher. Il faudrait remonter bien loin, plus loin qu'au *parti-prêtre* de la Restauration, jusqu'au concordat, peut-être dans le dédale de ces traditions ténébreuses entretenues par quelques hommes qui, sous tous les régimes qui se sont succédé en France depuis le premier Empire, ont pris à tâche de séparer l'Église de la civilisation.

Disons notre pensée tout entière ; c'est à une époque plus reculée qu'il faut remonter, peut-être, pour trouver le secret de cette opposition bilieuse, dont le sang brûlé par la colère ne sait même plus trouver dans la dignité sacerdotale un frein à ses tempêtes ; c'est dans une sorte de transfusion de l'autorité morale qui s'est opérée dès 1789. Il semble qu'à dater de cette époque, l'esprit de Dieu ait changé de place, et que du pouvoir religieux il soit passé, en grande partie, dans le pouvoir civil.

Les peuples voient Dieu où est le sacrifice, où est la justice, où est le dévouement à l'humanité, aux progrès, aux lumières, à tout ce qui constitue un état social meilleur que celui qu'on laisse en arrière.

Or, il faut bien le dire, le clergé (je parle toujours des meneurs du clergé) en France n'a rien fait d'efficace pour s'opposer à ce déplacement anormal du principe divin. Il a laissé passer, depuis soixante ans, toutes les questions qu'on pourrait nommer *sympathiques*, toutes les questions chères au cœur des peuples, sans s'y associer, sans chercher à les sanctionner par le principe religieux, sans les diriger. Il s'est, au contraire, placé brutalement en travers, s'appuyant grossièrement sur les idées et sur les intérêts rétrogrades, insultant au lieu de persuader, désaffectionnant les masses au lieu de les ramener.

Sous la Révolution, l'histoire vous reproche de n'avoir pas même eu le courage du martyre. C'est le principe civil, c'est l'infortuné Louis XVI, ce sont les Feuillants, les Girondins, les Montagnards et les utopistes eux-mêmes qui se sont offerts en holocauste.

Sous l'Empire, vous avez bataillé contre le généreux médiateur qui cherchait à vous faire rentrer dans la sphère du possible. Vous avez rusé avec votre libéra-teur, et Napoléon vous a justement dit, en parlant à Caprara : « Vous voulez prendre l'âme et me laisser le corps. »

Partout enfin, vis-à-vis de l'instituteur et du magistrat, comme vis-à-vis du soldat, vis-à-vis du prince comme vis-à-vis du citoyen, vous vous êtes montrés hostiles aux vœux et aux besoins du temps.

Et vous vous étonnez que l'esprit de Dieu soit passé dans le code, que le pouvoir civil ait la prétention de ré-soudre les questions temporelles ! Mais c'est vous qui, depuis soixante ans, l'abandonnez le temporel. Ah ! s'il en est ainsi, si nous vivons dans ce trouble, c'est que le pouvoir civil a largement arrosé de son sang et semé de ses sacrifices le sol de la justice. Et de toutes parts les âmes se tournent vers lui, pleines de foi et de confiance, et lui livrent leurs destinées. Ce n'est pas leur faute si leurs souverains et leurs magistrats sont plus véritable-ment religieux que les publicistes et les agitateurs qui entraînent l'Église dans cette voie fatale.

Ceci n'est certes pas pure subversion philosophique. Dieu merci, le sentiment religieux, quoique affaibli par ces luttes stériles, n'est pas mort en France. Et malgré tant d'instigations déplorables, le respect pour les minis-tres du culte n'est pas éteint. Voyez les églises ; elles sont pleines de fidèles. Voyez les prêtres dans les salons les plus brillants et dans les plus humbles chaumières ; les prévenances les plus délicates, les marques d'honneur et de déférence ne leur sont-elles pas prodiguées? La robe du prêtre n'est-elle pas partout vénérée?

Quoi que vous puissiez dire, quelles que puissent être les réserves intellectuelles de la philosophie, le prêtre, s'il restait sur le terrain qui lui convient, aurait raison dans la pensée du politique et dans celle du père de famille. Il y a dans sa mission, ne fût-ce qu'au point de vue social, un intérêt supérieur à toutes les considérations secondaires.

## IV.

La situation qu'on vient d'indiquer n'est pas le fait de Napoléon III. Napoléon 1er était sorti pur du sein de la terreur. Pareil à son oncle, Napoléon III est sorti pur de toutes complicités avec la politique des règnes précédents. Nul ne choisit son terrain ; la destinée le donne.

Or, au mouvement des idées s'est joint, par l'enchaînement historique, un ensemble de faits politiques, en Europe, étrangers à Napoléon III.

Alors même que Napoléon III eût été maître d'intervenir plus tôt que ne l'a permis la date de son avénement au trône impérial dans ces complications historiques, ce qu'il n'eût pas été en son pouvoir de changer, c'était le génie de la France, le caractère de son rôle dans le monde, sa place marquée par la Providence sur la carte de l'Europe.

Comme on l'a dit avec noblesse et vérité, la France est le seul peuple qui combatte pour des principes. Et ceci est une conséquence, non-seulement de la générosité de cette nation, mais encore — de plus habiles que nous le prouveraient aisément — de sa situation géographique entre tant d'éléments rivaux.

Avec ses grands instincts populaires, avec son coup d'œil sûr et profond, Napoléon III a compris ce rôle et ce caractère du génie français. Et depuis qu'il règne, il a cherché par tous les moyens possibles, par la paix et par la guerre, à diriger la politique française dans cette voie traditionnelle.

Mais une circonstance singulière de la destinée de l'Empereur Napoléon III, semble avoir assigné à son règne un but net, accentué, et qu'on peut, sans craindre d'employer un terme trop ambitieux, nommer de son vrai nom : une mission.

Qu'on examine avec un œil attentif, impartial, ce qui, depuis bientôt dix ans, s'est accompli en Europe ; qu'on y suive la politique de l'Empereur dans les grandes phases et dans les phases secondaires qu'il lui a été donné de parcourir, sur le terrain de la Crimée, et sur celui du canton de Neufchâtel, en Italie et dans les principautés de Moldavie et de Valachie ; partout cette politique est empreinte du même génie, et partout son rôle est identique. Et lorsqu'on cherche à résumer d'un mot l'ensemble de cette conduite qui déjà peut être apprécié par l'histoire, le mot qui vient aux lèvres est celui-ci :

Napoléon III est un médiateur.

Merveilleuse coïncidence ! coïncidence qui frappera surtout les esprits qui cherchent la lumière dans les rapprochements historiques et demandent aux clartés du passé d'illuminer l'avenir : Napoléon Ier fut aussi un médiateur.

Et sur quel point capital, dans quel ordre d'idées supérieures s'est surtout exercée cette médiation providentielle de Napoléon Ier ? — Sur le point qui nous préoccupe aujourd'hui, dans l'ordre d'idées où nous conduit la question du pouvoir temporel du Pape et des exigences de l'Église, face à face avec les nécessités de la civilisation, de la liberté des peuples et du repos de l'Europe.

La Révolution française avait fait table rase des anciens priviléges du clergé ; elle avait aboli le droit canonique, la dîme, vendu les biens des couvents, décrété le salariat des fonctions sacerdotales, et, par l'échafaud, par les saturnales du culte de la raison, ouvert un abîme entre elle et l'Église. La guerre entre les esprits était sans mérci. Plus tard, M. de Maistre, M. de Bonald et les publicistes du clergé avaient aggravé ces conflits de tout l'éclat de leurs colères. La France était apparue au monde comme un monstre vomi par l'enfer. Toutes les religions se donnaient la main contre elle ; pour jamais elle semblait mise au ban des nations.

Mais survient Napoléon, premier consul, et l'acte du 26 messidor an IX, a révélé le médiateur au monde européen. Par le concordat il faisait rentrer la France dans le sein de l'Église. Il accomplissait un acte de géant. Il fondait l'indispensable alliance du catholicisme avec ceux des grands principes de la Revolution qui étaient devenus le souffle et l'âme de la société nouvelle. Ces principes avaient trouvé leur sanction religieuse ; ils étaient sauvés, et du même coup de génie la Papauté était sauvée avec eux. L'idéal de l'État moderne était trouvé ; l'État n'é-

tait plus un ensemble d'organes dépourvu du principe
vital. Alliance profitable, féconde, quoi qu'en aient dit
les exagéré des deux camps, ceux du clergé et ceux de
la démocratie, les pères de ceux que nous voyons aujour-
d'hui nier encore, nier toujours, malgré la consécration
des temps.

La Papauté, nous le savons, fut ingrate. Elle écouta les
mauvais conseils des agitateurs cléricaux du temps. Une
lutte intestine s'organisa contre le médiateur. Bien du
sang a coulé depuis. Mais le sang a-t-il jamais trouvé grâce
devant les rhéteurs? Robespierre disait : périsse la société
plutôt qu'un principe. N'est-ce pas ce qu'on dit à peu près
aujourd'hui dans ce mot orgueilleux... *conteretur?*

La situation, sans doute, est loin d'être aussi grave.
Les principes constitutifs de l'ordre nouveau ne sont pas
en question. La réconciliation est faite dans l'esprit des
foules et dans celui de la plus grande et de la plus sainte
partie du clergé, celle qui sert Dieu, console, prie et ne
se mêle point de politique.

Mais, pour être moins vaste, moins profonde dans les
entrailles du monde européen, cette situation nouvelle
n'en touche pas moins aux parties nobles et vitales de la
société contemporaine. Il s'agit de la vie d'un peuple, de
l'extinction d'un foyer de discorde qui, depuis des siècles,
met en mouvement les armées de l'Europe, qui a déjà
coûté des flots de sang au monde catholique et menace
d'en prolonger indéfiniment l'effusion.

Le Pape ne peut se maintenir dans la souveraineté des
États qui lui ont été alloués par les traités de 1815, sans
le secours d'une milice étrangère. Sous peine de voir
l'Italie sans cesse broyée par des occupations militaires
d'où naissent des influences illégitimes, causés de dis-

cordes, de guerres et d'une perturbation permanente de
l'équilibre européen, il faut bien que cette situation dé-
plorable ait une fin. Pie IX a fait des efforts inouïs de
patriotisme, de bonne volonté pour concilier la réunion
dans la main du Souverain-Pontife, du double pouvoir politique et religieux. Les plus grands penseurs de l'Italie,
Gioberti et tant d'autres, lui ont apporté leur généreux
concours. Les souverains les plus dévoués au Saint-
Siége, la France et l'Autriche, lui ont prêté le secours de
leurs soldats pour lui donner le loisir de poursuivre le
problème d'une théocratie au dix-neuvième siècle. Pie IX
n'a pas réussi ; l'expérience a démontré que la réalisation
de ses vœux était définitivement incompatible avec l'esprit de notre époque et la ferme volonté du peuples des
Romagnes.

Que faire ?

Dans cet inextricable tissu de difficultés, les yeux de
l'Italie, ceux de l'Europe entière, se tournent vers la
France. Le souverain qui la gouverne est déjà trois fois ap-
paru dans les conflits européens comme un juge suprême.
Il s'est interposé au nom des principes, au nom de la raison
et de la justice, et le succès a couronné son intervention.

Pour la quatrième fois, il offre sa médiation, il con-
voque un congrès, il fait appel au bon sens et à la bonne
volonté de tous. Peut-être même laisse-t-il pressentir une
solution ; car cette solution, ce n'est pas dans une brochure qu'il faut seulement l'aller chercher, c'est dans les
préliminaires de la paix de Villafranca, dans les droits
réservés, dans le principe de la non-intervention des
armées étrangères en Italie, en un mot, dans la manière
même dont la question est posée, car toute question bien
posée est, dit-on, à moitié résolue.

Eh bien, le croirait-on? avant que le médiateur ait parlé, voici que les agitateurs du clergé, les disciples de ceux qui, jusqu'en 1815, s'acharnèrent contre l'œuvre de Napoléon I<sup>er</sup>; qui, Napoléon mort, le poursuivirent jusque dans la tombe; qui, sous les régimes qui se sont succédés depuis le premier Empire, n'ont cessé de fronder, de troubler les esprits, de pousser l'État à sa perte, tantôt par leurs mauvais conseils, comme sous la restauration, tantôt par leur opposition sourde, latente, comme sous le règne de Louis-Philippe, tantôt par leurs violences comme sous la seconde République française; toujours mécontents, toujours agités, et qu'on prendrait en vérité pour les ennemis de tous les gouvernements, et qui voudraient sans doute nous ramener à celui des Valois; voici, disje, que ces irréconciliables adversaires des principes de 1789 et l'ordre social moderne, s'efforcent d'écarter toute idée de congrès, toute pensée de conciliation, critiquent tout, menacent quiconque parle, en fin de compte, ne proposent rien, traitent de *lâche accusateur* quiconque propose quelque chose, nous reprochent de *soudoyer* la révolte des Romagnes, de vouloir réduire le Pape à la mendicité, d'être des sophistes en contradiction avec eux-mêmes, des gens absurdes, iniques, qui ne savent ce qu'ils disent!... Que sais-je? invective sur invective!

Et, après avoir ainsi épanché l'amertume de son cœur, Monseigneur l'évêque d'Orléans, ajoute avec une hauteur qui ne souffre pas de réplique :

« Vos pensées sont courtes, et, permettez-moi de vous le dire, vos prévoyances grossières, nous ne nous rendons pas si vite. Les Papes en ont vu bien d'autres, et tiennent encore. »

Mais, Monseigneur, où votre Eminence a-t-elle vu que

l'auteur de la brochure voulait renverser le Pape? Qui parle de le ruiner; quand il s'agit, au contraire, de lui créer un budget auprès duquel l'impôt que toutes les sueurs de la Romagne pourraient produire n'est qu'une bagatelle?

D'un ton plus provocateur encore, M. Dupanloup ajoute :

« Croyez-vous donc que le sang chrétien ait oublié de couler dans nos veines et que nos cœurs ne battent pas dans nos poitrines? »

Nous aussi, Monseigneur, nous avons un cœur; et, nous vous le confessons, ce perpétuel flot de sang humain qui, depuis si longtemps, coule pour l'Église et a rougi toute la surface du globe, ce sang nous émeut. Nous ne vous menaçons pas, nous vous demandons grâce pour ce sang; nous implorons votre pitié, nous supplions le Pape et le clergé d'avoir compassion du pauvre peuple italien tant de fois immolé en son nom; s'il en coûte au Saint-Siége de transformer la source de son revenu sans pourtant perdre ni la qualité de puissance temporelle, ni l'indépendance qui en est la conséquence, que le clergé songe aux maux que ce sacrifice éloignera de la chrétienté, aux bénédictions de l'Italie et des nations catholiques.

A ces prières, les publicistes du clergé, Monseigneur Dupanloup en tête, nous répondent que ces conseils, ces appels à l'esprit de conciliation, ne sont que des « calculs contre Dieu. » Ils invoquent sa foudre, ils nous préviennent que Dieu a des coups de tonnerre imprévus. Ils nous traitent de grands seigneurs, pourquoi pas de Don Juan ou simplement d'aristocrates?

Pour nous, cette colère ne nous surprend pas. Mais il est bon d'en faire connaître au public le véritable motif.

Ce motif le voici :

## V.

Nous savons bien ce que cette faction dans le clergé voudrait voir accomplir par l'Empereur Napoléon III. Son silence en matière de solutions est clair pour qui sait comprendre. Ce qu'il souhaiterait, vous l'avez deviné :

Le clergé voudrait que Napoléon III rendît au pape Pie IX les Romagnes ; qu'il restaurât les ducs dépossédés, qu'il rendît même à l'Autriche la Lombardie, et qu'il laissât l'empereur François-Joseph, le roi de Naples et le Pape, faire comme par le passé les affaires de l'Italie, coûte que coûte. Car, dans la pensée de nos contradicteurs, la protection de la France même ne rassurerait pas la Papauté. Monseigneur Dupanloup nous laisse entrevoir cette méfiance dans ses inquiétudes sur le payement du budget proposé par la brochure pour soutenir l'éclat du trône pontifical. Il souffle un certain vent de France qui sent trop les révolutions.

A ce prix, mais à ce prix seulement, Napoléon III serait en paix avec le clergé, et les Églises de France retentiraient de *Te deum* sans restrictions mentales.

C'est un peu cher.

Que M. le comte de Chambord, s'il régnait sur la France, fît ces choses, cela se comprendrait. Que M. le comte de Paris, s'il portait la couronne, *laissât faire*, dit au Pape, à l'Autriche, à l'Italie : tirez-vous d'embarras, ce qui se passe au delà des monts ne me regarde pas ; on dirait que ce jeune prince, fidèle aux traditions paternelles, continue la politique du *chacun chez soi, chacun pour soi*, et ceux qui aiment cette politique seraient dans l'enchantement.

Mais qu'un Napoléon, Empereur de la démocratie, fît une telle chose, que dirait la France, que dirait l'Europe, que dirait la postérité ?

Elles diraient qu'il a oublié les grandes traditions de la politique impériale ; qu'il a manqué à ce rôle de médiateur, le plus bel apanage de sa couronne, le plus haut signe de sa légitimité, son plus beau titre de gloire dans l'histoire de la civilisation en Europe.

De bonne foi, pourrait-on lui en vouloir de ne pas accepter un pareil rôle ?

## VI.

*Conteretur...*, dit Monseigneur Dupanloup.

Il n'y a pas à sortir de là.

Nos adversaires, dans cette circonstance, ne se font-ils pas quelque illusion sur l'étendue et le caractère de leur puissance ? Brûler n'est pas répondre. Menacer n'est pas discuter. Et pour qu'une menace pèse de quelque poids dans la balance de la politique, encore faut-il que ce vilain moyen soit appuyé sur une force proportionnelle à la résistance qu'on veut briser.

Examinons donc, aussi succinctement qu'on peut le faire

dans ces pages rapides, la puissance réelle du clergé au
dix-neuvième siècle en France.

Hâtons-nous de le dire, il y a, en effet, quelque chose
d'effrayant dans cette milice immense dont l'uniforme
n'est qu'une robe noire, qui vit comme un soldat du vieux
temps, en dehors de la loi du mariage, qui a renoncé aux
joies terrestres et n'existe que pour un principe. Répartie
méthodiquement sur le sol, la manière même dont elle est
distribuée parmi les populations, multiplie sa valeur et uni-
versalise la sphère de son action. Partout présente, au foyer
du pauvre comme à celui du riche, parmi les solitudes
et parmi les grandes villes ; elle semble, comme Dieu lui-
même, manifester en tous lieux son action. Voyez au fond
de cette vallée ensevelie entre deux montagnes silen-
cieuses, une flèche bleue perce le feuillage des grands
arbres ; c'est une église de village. A peine quelques mai-
sonnettes, qu'on dirait agenouillées dans l'herbe, se grou-
pent-elles autour de ce modeste clocher. Un mugissement
de bœuf, un son de cornemuse, un rien, et voilà tout le
bruit qui trahisse la vie sous ces ombrages. Eh bien !
parmi ces quelques chaumières, vous trouverez encore
un bon prêtre. Il est là, comme un pâtre isolé qui erre
dans la montagne, et sous sa loi spirituelle vit un humble
troupeau d'ouailles.

Qui n'admirerait, qui ne redouterait cette puissance
multiple qui enveloppe le monde chrétien ? qui, du haut
de la chaire de saint Pierre, parle à l'humanité ; de ses
chaires paroissiales aux foules, aux groupes ; et qui, re-
prenant ensuite un à un chaque individu de ces masses,
le façonne depuis le berceau jusqu'à la tombe, sait trouver
dans l'épanchement du confessionnal l'endroit accessible
de son cœur, et partout enfin, dans les circonstances so-

lennelles de sa vie, à la naissance, à la puberté, au mariage, à l'heure suprême, se tient derrière lui comme un compagnon éternel, et marche dans son ombre?

Sans doute, voilà une puissance à nulle autre comparable. Bien fol est qui s'y heurte! Bien insensé serait celui qui, confondant religion et politique, comme la Commune et la Convention en 1793, livrerait à ce corps immense un combat en règle au nom de la philosophie et de la raison! Celui-là, tôt ou tard, serait maudit de la société et périrait misérablement, ridiculement peut-être, comme Anacharsis Clootz et Anaxagoras Chaumette. Le premier prêtre qui viendrait, comme le courageux Grégoire, se placer en face de cet insensé et lui dirait : « Ce n'est ni de vous ni du peuple que je tiens mon mandat; » ce prêtre aurait raison, le cœur des multitudes serait avec lui.

Telle est la puissance du clergé que, d'un mot tombé des lèvres d'un simple prêtre, il ramène l'esprit égaré des peuples, fait rentrer d'un seul geste les torrents débordés, les nations dans la voie de l'ordre et de la morale.

Cette puissance est bien connue. Elle a été décrite avant nous avec beaucoup plus d'éclat, de profondeur et d'étendue, mais dans un esprit que nous n'apportons pas ici. Au fond des âmes qui ont entrevu cette grandeur du clergé, on dirait qu'il est resté une sorte de sentiment de terreur qui se mêle au respect qu'il inspire.

Et chacun se dit tout bas qu'il est mauvais de se mettre mal avec un tel corps; que si le clergé veut se mêler de politique, il exerce une action d'une incalculable portée; que s'il veut s'occuper d'élections, il vous enverra une Assemblée hostile et vous fera refuser l'impôt; que s'il

prend à cœur de briser vos alliances internationales, il les
brisera ; que s'il lui convient de mettre contre vous la
terre et les cieux et de vous renverser, comme Job, sur
un fumier de misère et d'abjection, il le peut faire ; qu'en
un mot, quiconque osera toucher à cette pierre, *contere-*
*tur... conteretur*, comme dit M. Dupanloup...

Illusion mensongère entretenue par la sottise et peut-
être aussi par des gens de trop d'esprit.

L'autorité du clergé est immense. Mais comment se
définit-elle ? où commence-t-on à sentir sa main ? où cette
main sèche-t-elle lorsqu'elle veut aller plus loin ? Le
prêtre n'a à sa disposition ni gendarmes, ni police, ni
soldats. Par un merveilleux phénomène où l'on reconnaît
surtout l'intervention de la divine Providence, le caractère de cette autorité est de s'anéantir instantanément dès
qu'elle cesse d'être elle-même. Quand le prêtre veut entrer sur le terrain politique, la méfiance remplace le respect. Les cœurs se ferment, les multitudes se détournent
en se disant : — Où veut-il en venir ?

Pris en flagrant délit de politique, ce corps immense,
ce léviathan devant lequel devaient trembler les monar-
ques de ce monde, le clergé, comme un ballon percé
d'une épingle, tombe inerte, aplati sur le sol ; tandis que
la religion, toujours debout, toujours éclatante, continue
à briller sur les autels et à vivifier, comme le soleil, les
peuples qui ne sauraient se passer de la chaleur de ses
rayons !

Monseigneur, nous ne sommes plus au temps de
Philippe-Auguste. Un moine inconnu, parti de Rome,
ne viendra plus parmi nous semer la terreur. A sa voix,
les cloches dont les sons réjouissent et réconfortent le
laboureur penché sur sa charrue, ne cesseront plus de

sonner. L'ultramontanisme ne prévaudra pas. Et si, par impossible, Rome nous faisait défaut, nous trouverions, en attendant des jours meilleurs, dans le clergé gallican, le pain de la vie spirituelle.

Chiaramonte n'a pas foudroyé Napoléon Ier. Il n'a pas empêché ce Christophe Colomb de l'ordre nouveau de toucher au but. Il n'a pu lui ôter l'amour et la vénération des foules. Il n'a pu empêcher qu'il se conduisît en patriote ferme et loyal, en homme d'État dans la plus haute acception qu'on puisse attacher à ce mot, et qu'il ne remplît en quelque sorte l'intérim de la Papauté quand le Saint-Siége voulut faire le vide dans le monde chrétien.

Les temps sont changés et avec eux l'esprit des nations. C'est là un fait accompli. Cherchez bien, derrière la consécration de quelques mois que vous reprochez à l'insurrection des Romagnes, vous trouverez la consécration des siècles. Pascal, Voltaire, Rousseau ont traversé le monde ; et si l'Église les réprouve, comme c'est son droit, les peuples ont aussi le droit de les bénir, non pour leurs impiétés qu'ils ne partagent pas, mais parce qu'ils ont à jamais rendu impossible le retour de l'immixtion de l'Église dans la politique et des maux qui en résultent pour la société.

Un souverain pourra que grandir pour avoir constaté ce grand fait. Le contraire seul pourrait le perdre.

## VII.

On dit : l'Empereur Napoléon III reculera devant le clergé.

Tant pis pour le Pape, si les meneurs du clergé parviennent à entraver la solution que l'Empereur, dans son zèle évident pour les intérêts de la Papauté, essayerait de lui offrir au milieu de ces graves complications.

Nous ignorons si la brochure *le Pape et le Congrès* émane de source officielle, ou si elle est le produit spontané d'une conscience préoccupée, comme nous le sommes tous, de la situation intolérable de l'Italie et de la Papauté, et des secousses que nous ressentons ici des révolutions de la Péninsule.

Nous ignorons encore si des solutions meilleures que celles que propose l'auteur anonyme de la brochure se produiront. Et jusqu'à présent, tout le monde en conviendra, les critiques abondent et les solutions sont rares.

Raisonnons donc un moment dans l'hypothèse qui attribue au gouvernement l'inspiration de la brochure. Qu'y a-t-il de plus convenable, de plus loyal, de plus conforme aux principes de la liberté, que d'ouvrir par une brochure une sorte de congrès de l'opinion publique, en attendant la réunion d'un congrès de diplomates qu'on dit ajourné presque indéfiniment ?

A quoi bon tant d'agitations, de violences.

Si l'opinion se prononce contre la brochure, si nulle

solution meilleure n'est offerte, si la force des choses entrave la bonne volonté de l'Empereur Napoléon III, si les partis acceptent le pacte d'une coalition avec les meneurs de l'Église, si le Congrès lui-même ne se réunit pas, si le sentiment public ne se prononce pas d'une manière décisive, que restera-t-il de tout ceci?

— Le *statu quo*.

Le *statu quo* et ses conséquences. Un jour ou l'autre, les troupes françaises sortiront de Rome, et, comme la France ne permettra pas à l'Autriche d'y entrer, *l'Italia fara dà se*.

Il est permis de douter que malgré les deniers des pauvres de Monseigneur Dupanloup et ses soldats, en y ajoutant ceux du roi de Naples, Pie IX puisse alors se maintenir sur le trône pontifical.

Disons-le, la solution de la brochure, quelque défectueuse qu'elle puisse paraître aux personnes qui souhaiteraient dénouer les difficultés présentes sans rien changer au passé, est remarquablement ingénieuse ; elle ne touche pas au dogme. Elle conserve le pouvoir temporel, c'est-à-dire l'indépendance du Pape. Elle ne l'atteint donc en rien sur le terrain religieux, le seul où il ait à exercer son influence.

Où l'atteint-elle donc, sinon sur le terrain sanglant et dangereux de la politique? Mais, si l'immixtion de l'Église dans les affaires de la politique est une cause permanente de querelles, de guerres, de sang versé, de peuples broyés dans le choc des armées, de malheurs publics et privés, une cause de désaffectionnement et de ruine pour la Papauté elle-même, est-ce donc un mal que ce terrain soit fermé à ceux qui prétendent l'y entraîner?

« Enfin, et pour couronnement du système, s'écrie

Monseigneur Dupanloup, la Papauté sera salariée par l'Europe, comme les curés le sont par l'État ; elle aura de la sorte *un revenu considérable*. Le Pape sera transformé ainsi en premier et grand fonctionnaire européen du culte, auquel on pourra, à tel jour et en telle occurrence, supprimer son trimestre.

« Eh bien ! pour moi, je le dis sans hésiter, j'aime mieux du pain noir et les catacombes. — Nous ne vous les donnerons pas, me dira-t-on peut-être, cela vous réussit trop bien. — Dans ce cas, nous les prendrons. »

La plus grande menace que puisse faire le clergé, c'est celle de crier au martyre. Mais comme on prend soin de nous prévenir, le péril est conjuré. Vous mettez le public dans la confidence et lui faites même l'aveu que vous connaissez la puissance du moyen que vous vous réservez. En vérité, on n'est pas plus maladroit. Il est évident que, dans cette circonstance, Monseigneur l'évêque d'Orléans s'est laissé emporter par l'ardeur de la discussion. Il a manqué de ce flegme et de cette réserve qui distinguent la diplomatie de l'Église.

Répondant, plus loin, au passage de la brochure où il est question d'un tribut payé au Saint-Père par les puissances catholiques, Monseigneur Dupanloup ajoute :

« Pour qu'il ne soit pas *humilié*, vous le mettez dans la position d'un père de famille que ses enfants font interdire comme incapable, sauf à lui payer une pension, sans tribunal qui les y oblige toutefois, si l'un d'eux refuse de payer sa part.

« Enfin, pour qu'il ne soit pas *subordonné*, *dépendant*, vous le réduisez à n'avoir aucune ressource à lui, à être, pour vivre, à la merci de tout le monde ; de ses sujets romains, s'ils s'insurgent ; de la municipalité, si le Pape

vient à lui déplaire ; de l'armée fédérale qui, si la conscience oblige un jour le Pape à contrarier la fédération,
au premier signe de la fédération, le mettra au château
Saint-Ange : je le dirai enfin, malgré mon respect pour
les grandes puissances catholiques, à la merci de la France,
de l'Autriche, de l'Espagne ; car nul ne peut me répondre
ni de l'impossibilité des révolutions, ni des mécontente-
ments et des caprices trop faciles à prévoir. »

Mais comment le Pape contrarierait-il la confédération
s'il ne s'immisce pas dans ses affaires ? Comment le Pape
serait-il à la merci de la France, de l'Autriche, de l'Espagne, parce que ces puissances lui constitueraient un
large budget pour soutenir la pompe et l'éclat du trône
pontifical ? Quelle nation, si la Papauté restait dans les
attributions religieuses, oserait aux yeux des autres peuples encourir cette honte de refuser à l'Église la pieuse
offrande qu'elle se serait engagée à lui apporter ? Et s'il
se trouvait une telle nation dans la catholicité, en quoi
cette exception ébranlerait-elle l'assiette du budget du
Saint-Père ? Supposons même que toutes les nations, d'un
commun accord, refusent un jour au Saint-Siége cette
subvention de la catholicité. Ne resterait-il pas au Pape
une source de richesses bien plus grande que celle des
trésors nationaux ? ne lui resterait-il pas, comme dit fort
bien Monseigneur l'évêque d'Orléans, l'obole du pauvre,
le denier de saint Pierre... sans compter le casuel.

Et si, pour pousser notre argument aux limites extrêmes, le mendiant lui-même n'avait pas une obole, si le
Pape était obligé de marcher appuyé sur le bâton du pauvre dans la poudre des rues de la Ville éternelle, qui vous
dit qu'à cette heure même un cri d'amour ne s'échappe-
rait pas de toutes les poitrines, et que la Papauté ne sor-

tirait pas plus glorieuse de ces humiliations et de ces misères que du sang des batailles livrées pour elle et de l'encre des brochures imprimées à son intention ?

En vérité, à force de chicaner sur des mètres de terrain, sur des incertitudes budgétaires, vous finiriez par assimiler la Papauté à un électeur du temps de Louis-Philippe, dont la capacité politique se mesurait au cens. Tant vaut la terre, tant vaut l'impôt ; tant vaut l'impôt, tant vaut l'homme.

Reportez-vous au temps où vous étiez petit abbé, Monseigneur ; souvenez-vous des jours où vous pénétriez dans la demeure des artisans et des laboureurs. Vous avez dû voir alors à ces sources de traditions populaires, ce qu'était la Papauté dans l'esprit des masses. Il s'agit bien, dans ces humbles et pieuses régions du peuple, de souveraineté princière et territoriale ! Là, Monseigneur, le Pape est grand, le Pape est vénéré, parce que le Pape est Pape. Et, permettez-nous de le dire avec notre franchise laïque et profane, nous trouvons la question de la Papauté, dans la légende des chaumières, comprise, ou plutôt sentie avec infiniment plus de grandeur et de véritable esprit religieux, que dans les bureaux des feuilles cléricales et dans les sacristies politiques.

## VIII.

L'ordre se fait ; on veut empêcher l'ordre de se faire. On arguë contre le sens commun, avec une mauvaise foi

navrante et dans des sentiments déplorables. Il n'y a
peut-être pas, dans l'histoire de ce temps, de spectacle
capable d'inspirer une plus amère tristesse que celui de
ces pénibles débats.

De ce que l'ignorance des siècles écoulés, l'impuissance
des lois, l'imperfection des organes de l'État, ont permis,
nécessité, j'y consens, une sorte d'interversion des pouvoirs, d'immixtion dangereuse de la religion dans la politique, de l'Église dans l'État, du droit canon dans le droit
civil, on veut qu'aujourd'hui où tout s'est classé dans la
société nouvelle, où le principe de la division s'est intro-
duit jusque dans le travail, où les pouvoirs sont définis,
limités, où les lumières inondent toutes les classes de la
population, où chacun a conscience nette et positive de
ses droits et de ses devoirs; on veut, dis-je, revendiquer
des prérogatives surannées, évoquer des souvenirs en-
sevelis dans la poussière des bulles et des édits.

Mais, le premier artisan, le premier négociant venu,
vous diront que la Papauté a pu mener le monde
au moyen âge, parce que sur ce profond chaos des
institutions, parmi ces monarchies embryonnaires, la
Papauté brillait seule comme un phare sur un océan de
ténèbres. Il était tout naturel que la Papauté tînt la pre-
mière place dans la politique du monde catholique, quand
les peuples courbés sous la chaîne du servage n'étaient
encore que dans les limbes du droit; quand les grands
seigneurs eux-mêmes n'étaient que des soudards, à peine
capables de signer leur nom, et qu'à côté de ces gentils-
hommes, le dernier moine calligraphe, penché, la plume
en main, sur le parchemin historié du missel qu'il copiait,
était un puits de science, de méditation et de sagesse.

Mais, aujourd'hui, c'est autre chose. Les organes de

l'État sont tous formés et fonctionnent dans leur libre développement. C'est même un fait éclatant, merveilleux, digne de frapper l'attention de tous, ce qui a gagné le plus à nos révolutions dans la société française, ce n'est pas le souverain quel qu'il soit, c'est l'État. Quand on compare ce qu'était l'État, si grand en parole, sous Louis XIV, avec ce qu'est l'État aujourd'hui, on est émerveillé d'un tel progrès ; car, ce qui constitue l'État, ce n'est pas le privilége, ni même le monopole, ni la restriction, ni la catégorisation des classes, des personnes, des professions ; ce qui caractérise l'État moderne, c'est qu'il ne s'approprie rien et qu'il féconde tout, que sa surveillance s'étend sur tout et tend partout la main à l'essor individuel pour lui donner le moyen de fournir sa pleine carrière et de concourir au bien général.

Or, dans un tel ordre de choses, les rapports de la religion avec la politique sont définis, précisés. Sans rentrer dans le détail de ce thème, qui est devenu un lieu commun, on aime à rappeler qu'en France l'État laisse le culte libre et n'en reconnaît pas moins la religion catholique comme religion de la majorité des Français. Sans s'inquiéter des diverses hypothèses de la philosophie, la plupart des pères de famille de ce pays suivent les pratiques du culte, élèvent leurs enfants dans ces pratiques, persuadés que la religion donne la main à la morale, la sanctionne, élève le cœur et l'esprit et forme des citoyens. La religion, en prêtant à la morale sa force divine, en inculquant à tous le sentiment du devoir et l'idée d'une justice suprême, vivifie les institutions et donne ainsi à l'État une force considérable, une âme en quelque sorte. Les rapports de l'Église avec la politique sont, en un mot, d'une nature si élevée, si délicate dans la société moderne, qu'on souffre à voir leur harmonie troublée par des questions de droit international, d'intérêts matériels où, quoi qu'elle puisse gagner, l'Église, en somme, perd toujours quelque chose. Or, ce qu'elle perd est plus précieux pour elle que tous les royaumes de ce monde : elle perd une partie de son autorité morale.

L'immixtion de la Papauté dans les questions de nationalité, de souveraineté et dans les affaires politiques, est devenue insupportable aux masses depuis que le perfectionnement de l'État a permis à la religion de ne pas sortir de ses grands attributs et de vivifier sans administrer. Nous voulons, en un mot, aujourd'hui, que le Pape prie et que l'Empereur gouverne. Les guerres de religion ou *à cause* de la religion, nous offensent aujourd'hui comme un anachronisme. Nous n'aimons pas à donner notre or et notre sang pour des guerres de ce genre. Autant nous avons d'enthousiasme dans les guerres ordinaires, autant nous éprouvons d'indécision et de répugnance à mettre l'épée dans des conflits où, en définitive, il s'agit d'une affaire de conscience.

Ces luttes armées à propos d'affaires religieuses, nous désirons donc à tout prix y mettre fin. Ce n'est ni par philosophisme, ni par impiété, ni par désir d'humilier l'Église que nous parlons ainsi. Sincèrement, nous ne demanderions pas mieux que le Pape pût conserver intégralement ses États, si cette conservation était compatible avec l'indépendance de l'Italie et avec l'équilibre de l'Europe. Mais cette incompatibilité, trop évidente dans les principes, est encore plus flagrante dans les faits. Qu'on le veuille ou non, la force des choses amènera une solution. Il est possible qu'elle s'écarte sur tel ou tel point de la brochure, cette solution nécessaire; mais on peut prédire et affirmer qu'elle aura pour résultat de séparer plus profondément que par le passé l'Église d'avec le mouvement politique, et de concentrer les forces de la religion sur son propre terrain, de l'écarter de plus en plus de toute immixtion dans les affaires diplomatiques.

Oh ! combien votre mission serait belle si vous daigniez l'accepter, Papes et prêtres du monde moderne ! Tandis que pied à pied vous disputez le sol en Italie, les consciences, distraites, troublées, errent comme des troupeaux sans pasteurs dans le désert de l'irréligion. La foi nous échappe ; vous le constatez, vous en gémissez, et non moins que vous nous en gémissons. La foi est une bonne chose ; c'est un puissant viatique dans la traversée de ce monde. Et de toutes parts ce feu sacré vacille comme une flamme expirante. Là est le mal, là est le péril ! Ne laissez pas mourir ce feu sacré. Voilà le but digne de vos efforts et le plus sûr moyen de la conservation de votre haute intervention dans le mouvement des sociétés humaines. Sur ce terrain, parlez, écrivez, agissez, développez votre génie, votre activité, et soyez certains que le respect et la reconnaissance des peuples et des princes ne vous fera point défaut.

Paris, Imprimerie de L. TINTERLIN et Cᵉ, rue Neuve-des-Bons-Enfants, 3.